Globland Books
Sagledavanje vetrom

DANIEL BUINAC

Sagledavanje vetrom

Globland Books
2016.

Izdavač: Globland Books

ISBN 978-0-9930386-4-8

Copyright 2016 Daniel Buinac

Autor ilustracija: Phoebe Herring

Sadržaj

Nevreme

U svakoj galeriji 11
Možda oduvek 12
Stalno razmišljam 13
Nit na kraju hodnika 14
Da skupim lutanja 15
Mogao bih i da volim 16
Da je samo papir prazan 19
Sagledavanje 20
Moja vrata 21
Posle mene 22
Čeka 23
Ukradena pesma 24

Ispred, iza, uvek

Mart 27
Avgust 28
Jul 31
Oktobar 32

Prostiranje

Slušam vremensku prognozu 35
Uzdah 36
Smisao nestaje polako 37
Nebo 41
Ona (probuđena umetnost) 42

U drugoj sobi 43
Poj toplih slika 44
Most 45
Pravim tvoj osmeh 46
U danu u kome me obične stvari čude 47
Kao nikad sam 48
Uskoro 49

Revolucija

Ponavljajući san 53
Zajedno smo tražili 54
Suviše je ukradenog 55
Ovo je moje 56
Sedite 57
Kraj 58
Samoća 59
Zašto ne osećam 60
Smejali smo se na mostu 63
Žena 64
Nekada davno 65
U utrobi autobusa 66
Pobednici 67
Tuđi život 68
Ishod 70

Očišćeno ogledalo

Iza i ispod 73
Skrivanje 74
A ti? 75
Buđenje 76
Video sam maglu tvojim okom 77
Došao sam 78

Ne rastanak 79
Sam 83
Na otvorenom 84
Molitva 85
Ne odlazak 87
Zaboravio sam 89
Orah 92
Zašto večeras 93
Ponovo nazad 94

Grč

Čežnja 97
Šta sad 98
Ne mogu da kažem 99
Neke su me napale slike 100
Napiši mi priču 101
Iz voza 102
Gledamo fotografije 105
Nisu dovoljna svetla novog grada 107
Kažem ti 108
Ne vreme 109
Da li želim biti deo? 110
Ponekad 111
Nagoveštaj 112
Pakujem kofere 113

Nevreme

Sagledavanje vetrom

U svakoj galeriji

U svakoj galeriji
ista slika reke u magli
sa vijugavom prugom uličnih lampi
koje bacaju mlako svetlo na klupe
i lišće
i čoveka u razigranom kišnom mantilu
sa rukom na šeširu

I koju god da kupim
i donesem kući
i otpakujem
i strpljivo preciznim pokretima
ogolim od prvog sloja boja
pa od sedećeg i tako dalje
ispod nije ono što tražim...

I sve je tako blizu
i slično
i skoro jednako
tako jednostavno
iako slojevito
tako prepoznatljivo:
osnovne i izvedene boje
primarni i svi drugi brojevi
sve je tako ljudsko
počevši od platna pa kroz svaki sloj
ali ništa ni moje
ni tvoje
ni naše

Daniel Buinac

Možda oduvek

možda oduvek dve prazne sobe
tražili smo pored, između i nad
na prozorima sva moja stopala
u otvorenim ustima čuđenje
navike žderu slobodu bića

Stalno razmišljam

stalno razmišljam
kako bi bilo lepo doživeti
svoje ruke u nekom vozu
mirne nad papirom

što brza ka moru
gde me čeka stari film
u praznom bioskopu
i vino

od koga se smejem
nisam se već odavno smejao
nešto je loš vazduh ovih dana
bonaca

vetar je izgubio nadu
letim ka pustoši
tri metra od radnog stola
slika žene

iza paučina je tiše
samo sat još da stane
sam
pa da odem

Daniel Buinac

Nit na kraju hodnika

na kraju ću ovog hodnika
pronaći bezazlenu nit
naizgled crvenu i naizgled zanimljivu
samo okorelim pušačima koji beže pred
pogledima svojih žena
u svakojake uglove običnih trenutaka koji
čine njihove mučne dane
i tamo traže bilo šta da im privuče
odlutali pogled
i zaokupi pažnju
dok im među prstima nestaje radost
koju znatiželjom pokušavaju produžiti

dodirnuću je prstima
pitajući se i sam da li je pripadala
odevnom predmetu neke lepe žene
i da li je od njenog tela upila
u svoje postojanje neodoljivost

na početku bi ovog hodnika
s tugom na kraju treba reći
ta ista nit
ostala zauvek neprimećena

Da skupim lutanja

daleko sam
tuđina me poput oseke pravi plićim
tuđina oseka me pravi plitkim
mogao sam odavno da završim s ovim
sedeti na nekoj plaži, ne imati misli
do kada sam čitao i kad sam prestao
okrnjeni oblutak
stvarati sliku beljenjem horizonta
vrednosti su sidro što trune na dnu
biće bolno, ali stvarno

Mogao bih i da volim

mogao bih i da volim
da nije petak
da nije deset sati uveče
da je pivo i dobra muzika

negde na nekom ostrvu
neku ženu
što ume da otera komarce
i oživi mog psa

bar dok vodimo ljubav
i da pritom ništa ne traži od mene
bar ne
stihove

Da je samo papir prazan

da je samo papir prazan
pisao bih
u prozoru je strah odsekao vrh krošnje
nepotpun horizont kao jedini putokaz
za tragove bi i kamen bio mek
dok te ne naslutim
negde
podrazumeva se ne ovde
dah ti je neprimetan dok spavaš
čuje se autoput u daljini
nosi mir, upotpunjava tišinu
kao šum slapova nekad davno
kod ujaka u vikendici

Gde sam? Dišeš li?

Sagledavanje

mokar trg pun polegnutih izloga
tragovi obuće kao zrna peska sa uvećanim
licem
očima
vetar čini vreme vidljivim
nestvarno mali prostor
nestvarno slobodne misli
igra

kad odlazimo šta nosimo

samo ljudi koje sretnemo jednom u životu
žive večno

kao nasmejana lica
sa postera na zidu kafe bara

Moja vrata

na početku i na kraju
ispred vrata
i ne znam
unutra ili napolju
na vratima kalendar i sat
diploma iz obdaništa
o uspešno završenom
kursu plivanja
vosak od sveće sa krštenja
fotografija drvene kuće
sa kojom delim gene
i sećanja porodičnih okupljanja
i priče o prvim koracima
začinjene ukusom jabuke
sa drveta iza kuće
na kojem sam voleo
sedeti među granama
i čekati da neko naiđe
da bih ostao neprimećen

sad, vrata me primećuju
broje godine na mom čelu
i koži nadlanica
setno se osmehuju
i mame pokretom odškritanja
nemo i neprimetno
kao ženska bedra
nestaju misli
da ostane osećaj topline

Posle mene

za mnom će ridati poneki vrtlog
male ali brze reke
što zavija iznova iz prošlosti
i plazi se po nogama drveća
između kojih stoji dečak i peca

Sagledavanje vetrom

Čeka

Čeka.
Nije seo za prvi sto do prozora,
videće ga.
Da li to želi?
Juče je isto ovako sedeo.
Neko ko liči na nju je prošao
drugom stranom ulice.
Krv je
napustila njegovo telo,
kapala kroz prste koji su se grčili
oko pohovanih pilećih prsa u
integralnom hlebu.
Nije postojao dok nije nestala.
Njene ruke, pokreti tela, šapat,
sve se vratilo, ukus bradavica,
obećanja.
Šta ako se pojavi i danas, šta ako nije ona,
šta ako jeste, šta ako se ne pojavi?
Ustaje da plati, pruža tanjir, izlazi.
Njegov život iznenada ima smisao.

Ukradena pesma

Zdravo... nismo se dugo čuli...
Kako si preživeo revoluciju...
Da li si u Beogradu?
Ako je odgovor da, zašto se ne javljaš?

Bilo bi lepo da se javiš.
Pozdrav
    B

Ispred, iza, uvek

Mart

U probuđenom gradu
pogledasmo se umorni.
Poslednje utočište
pred nadolazećom vodom.
    Četiri slova;

grad.
Usijane slike
proklinju svoju nepomičnost.
    Praznina među njima.
Koliko još?

Grad.
    Na mojim usnama.
Nestajemo u talasu
buke.
Slan.
    Zauvek
voda.

Avgust

Ustaljena praksa poricanja svetla.
Predosećaj trenutka pogodnog za beg.
Stisnutih ruku.
Zavist osećaja prepuštenih zaboravu.
Krvave magle iznad pučine smisla.
Pogledi.
Do ostrva prepušteni volji vetra.

I suncu.

Oživeše jedra.
Borba sa talasima oduze nam dah.
Pogledi.
Trajemo.

Jul

Trougao peska, sunca i nužde kretanja.
Oznojeno čelo,
umorne oči.
Žeđ.
Danas je pustinja.
Juče - močvara.
Isprva divlja,
koracima nestrpljenja isušena,
smirena u porodičnom albumu.
Sutra možda stepa,
možda četinari.
Vetar donosi miris soli.
Vreme je izbrisalo horizont.
Ipak,
tamo negde je more.
(sa ostrvom za dvoje)

Oktobar

Koračamo uspavanom idejom
osvetljenog grada.
Naizgled sami.
Opijeni vetrom
ne otvaramo oči.
Desnom stranom živa ograda.
Desnom stranom strah.
Poljuljani "gle" u nama.

Pa ipak snažni.
Dovoljni.
Sad već na zemlji.
Na travi.
Gase se svetla.
Desnom stranom živa ograda.
Dan.
Čula vuku levo.

Prostiranje

Sagledavanje vetrom

Slušam vremensku prognozu

Kažu ovako:

Sutra će vreme biti umereno sporo
u većini zemlje 4 sata na dan sporije od
normale
mestimično sporije i do 6 sati
Nepogode se očekuju samo u krajevima
sa prosečnim kašnjenjem
od 20 i više godina
Tu se tokom noći očekuju snažni naleti
vremenskog vihora
tako da će pojedine osobe dočekati
jutro i do 8 godina starije nego juče
Starijima od 35 godina zato preporučujemo
da jutro dočekaju budni i bučni, širom
otvorenih očiju
i uz muziku
Preporučujemo
kao i obično
korišćenje uređaja za beleženje vremena
kako bi se u trenucima budućih vremenskih
usporenja
podsećali na godine vremenskog nevremena

Uzdah

Gledam u daljinu.
Ocrtava se vetar
nad mokrim, plavim brdima.
Igra se nevoljno drvenim oblacima.
Prosušene misli o kretanju
lako odustaju.

Između dasaka na tavanici
zmija je pala tačno iza peći.
Soba diše podom
neravnomerno,
gotovo nekontrolisano,
pauci beže na zidove.
Majka će to srediti.

Žulja me vazduh.
Oblačim još jedan namočen kaput.
Prija.

Smisao nestaje polako

Sedi nasuprot mene.
Gledam kako se u polupraznom
vozu šminka.

Zašto to radiš?
Svet te nije vredan.

Ne sreću nam se pogledi.
Proverava telefon
Uzima čokoladu
Naginje flašicu sa vodom
Stavlja kapi u oči
Ustaje
Otvara prozor

Hladan vetar mi cedi suze

Oprezno
ali vešto i uvežbano
penje se u okvir prozora
Onda se Okrene
i dok mi njen osmeh govori
   Ja razumem
uzdiže se
popravlja kaput
i torbicu
širi ruke

i baca se

u bujicu slika
sveta koji nezaustavno juri

Dok stignem da se pokrenem
skočim
okrenem se
ona se uzdiže iznad
grma kupina
snažnim zamasima krila

Zenice njenih našminkanih
Očiju
Upijaju nebo

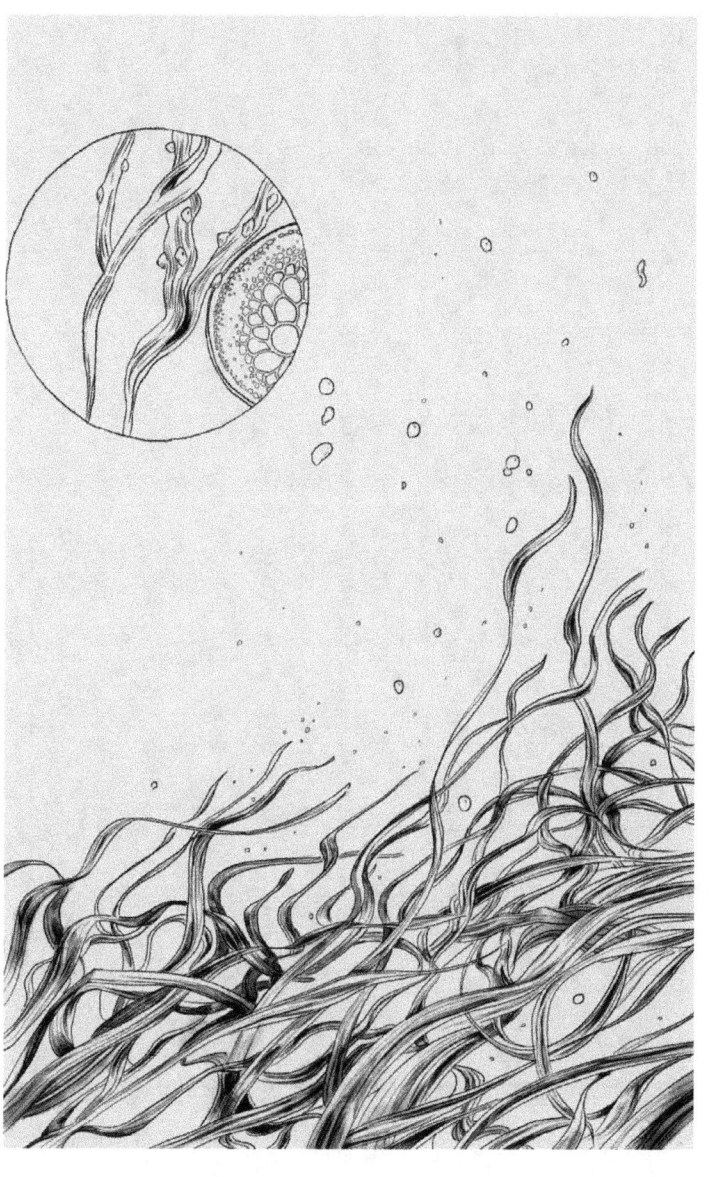

Nebo

čak i najmanja
kap rose
oslikava nebo
dok god je plavo

Ona (probuđena umetnost)

Zatočena
između bliskih krajnosti,
uslovljena nerazumevanjem,
stoji na kiši.
Mokru,
proždire je nesklad
izbezumljenog sveta.
Iz očiju
okovana duga.
U prstima
neoslobođeni bol.
Nemir u grudima.
Praznina u stomaku.
Konačno krik.
Večan i nem.

U drugoj sobi

U drugoj sobi nisam sam
Iz druge sobe ne vidim sebe u ovoj
ali vidim poznate oči
i osećam poznato telo kraj sebe

U ovoj sobi kroz
prozor sa mladežima od udaljenih svetala
gledam u svoju noć

Iz druge sobe miris ceo svet miris
na usnama vrhovima prstiju

U ovoj sobi zabacujem glavu unazad
gutam
grčim vilicu

Druga soba se smeje grudima

Poj toplih slika

duboko u mojim prstima
duboko u mom nemarno složenom izlogu
u kom prolaznici kriju oči
od sveta kojim blatnjavih nogu kroče

Most

Kroz prozor prljavog autobusa
posmatram svitanje poslepodnevnog sna.

Zarobljena vizijom
umetnika bez palete,
okovana rukom
zanesenog neimara.

Na površini,
moćnom strujom podignut sa dna,
oslobođen tame plavetnila,
svet je pojeo jučerašnji dan.

Zaboravljene i umorne,
svetiljke u nizu
svojim jednakim rastojanjem
ubijaju maštu.

Pravim tvoj osmeh

pravim tvoj osmeh
od pre nekog novembra
i dok se u sobi gomilaju
nejasni odjeci
ko zna s kim si na betonu
Niša
u autobusu do centra
ni ne znaš da si nasmejana
zbog mene

Sagledavanje vetrom

U danu u kome me obične stvari čude

stope vetra u snegu iza ograde
oslepeće uspomenu
koja danima gmižući vršlja po mom
drvoredu bez korenja
jedući tek nikle boje
kojima se iznenađen krijem
i ostavljajući težak, sluzav trag
duboko u nezaštićenim, zemljanim
mislima

na povratku pogleda
beži mi osmeh ka vrhu krošnje

Daniel Buinac

Kao nikad sam

pod nogama jutra
hiljadu krovova moje kuće
složno kao jedan
u očevom oku suzu grade
i ništa više nije kao pre

Uskoro

uskoro je tako daleko
strah
međuvreme je jezero
ispred čamca brana
kako dalje

uskoro je zaklon
biti sličan
lažan
prozor je u ogledalu
kucanje - udaranje u vrata
radi odobrenja ulaska
skretanje pogleda
naročito pogleda

gde god je uskoro
manja vrednost vremena
sastojak koji otrov čini otrovom
osnovni principi
struja vazduha
precizno punjenje prostora
možda suzama
površina vode lomi svetlo
glad je vatra

uskoro je oseka
nasukan brod
platforma
kretanje tečnosti

po preširokom koritu - vremenu
prevara ispružene ruke
Zeus smehom ubija strpljenje
pesak je hladan

gledam uskoro
okvir od nedavno
prozor od trske
prepoznajem
bore na papiru
na korak do soneta

Revolucija

Ponavljajući san

most
čovek sa licem nizvodno
ne primećuje moje namere
da ga stavim u svoj ponavljajući san

Zajedno smo tražili

veče je jučerašnje
(danas već kritikuju poštare)
čvor u koji su nam
svezali ruke
pripijena leđa
ne vidimo se već pesmama
(da li smo to srasli)
mi, ti ili ja
i žedni
nasoljene puteve nam nude
do mesta koje jedno od nas
mora videti prvo
i zato ostajući idemo
da ne nađemo tražimo
jedino što ušima možemo deliti
reč je

Sagledavanje vetrom

Suviše je ukradenog

suviše je ukradenog
utanjeno nebo
lakše smo vidljivi
prost vez
daleko je sigurnost

Ovo je moje

pod jastukom usne koje drhte
u mraku reči kao noževi
putuju rekom što smelo
iz mora ističe
vi se nemate gde vratiti

Sedite

Sedite.
Nije razlog da vas ne počastim
to što ste došli
da mi uzmete dušu.
Šta želite?
Možda kafu,
imam crno vino, vodku,
imam pivo?
Pada li kiša napolju?
Evo samo da pokupim stvari.
Da li sam isključio bojler?
Dobro,
s koje strane ste parkirali?

Gledaš me kad se upale svetla.
Do kuće je par minuta
peške u tišini.
Posle ću te grliti
i biće sve u redu.

Kraj

progutala je gužva trećeg perona
progutao je zadah
oduvek neotvaranog kupea
voza koji posrće ka sutra
nezasitnom sutra
gazeći ostatke još žive ljubavi

Samoća

Negde je škljocnulo.
Mrak kovitla sobom.
Ulica robuje kiši
poslušno, spokojno.
Pločnik se nadviruje kroz prozor.
Vazduh beži kroz pukotine.
Zidovi se uz grimasu opiru.

Zašto ne osećam

isto bih ovako mogao
da pričam o ljudima što
spavaju u vozovima
dok slike proleću

kao kad ti u zatvoru
oduzmu papir i olovku
a ceo roman u tebi

glave im klimaju
neke druge boje u njima
neko ih je ukrao iznutra
ne izgleda da će da se vrate

Hoće li me iko probuditi?

Sagledavanje vetrom

Smejali smo se na mostu

smejali smo se na mostu
stranci bez alibija
u gomili njih
samo ti i ja

nad rekom vremena
između juče i sutra
nismo bili svesni ni šta nam
se u tom trenu događalo

možda da nas je neko prodrmao
za ramena i prekinuo naš smeh
možda smo mogli nešto učiniti
da li je sad svejedno

reći će nam prvi pogled
ako ga
bude
ikada

Žena

Kraj pahulje snega
dve kapi krvi
životu ponuđene
leže
na pupku vremena.

A onda otkrih pepeo,
dvaput kišu,
oči
i pokvareno mleko.

Brojevima opisaše čežnju reke.

Zaboravih ti reći, prijatelju,
da je sve to laž.

Nekada davno

nekada davno
na svakom je stablu bila krošnja
sutra će nas odneti voda
prekosutra spržiti sunce
nekada su samo mračni ljudi
pričali strašne priče
gledam ponosno držanje malih ljudi
besmisleno
u svojoj ukočenosti
i nepriznavanju neminovnosti

U utrobi autobusa

u utrobi autobusa
pospano svetlo

pogled devojke ka mestu
gde je pre više sati
stajao neko obavijen umornom
staničnom tišinom i ramenima
sa rukama u džepovima
i nesigurnim osmehom
punim kajanja
što ostavlja ožiljke
na prozoru koji ih razdvaja
sad i zauvek

Pobednici

Vi koje srećem na ulicama
Vi čije su igle u mojim očima
koji se smejete glasno kad je najmanje povoda
Vi koji laktove kremama mažete da bolje
po kancelarijama, autobusima ili krevetima
služe
Vi čije ćerke duvaju poznatim glumcima
koji ste blagonakloni njihovim nestašlucima
Vi koji ne znate za Boga
Vi koji ste Svi
koji se zaobići ne date
i koji kradete ovaj svet bez stida
Vi ste gospodo pobedili
i ja Vam na tome čestitam
uz svo gađenje koje
umornim i isceđenim rečima mogu iskazati
Vi ste, gospodo, pobednici

Tuđi život

trenutak posle izgovorenih reči
nakalemljena grana
koja će isušiti celo drvo

taksista je pružio ruku kroz prozor
ne pomeramo se
vrtimo glave naizmence
lakše je dok se čovek kreće, manje
misli
kad staneš
ceo te onaj teret što svakodnevno vučeš
pregazi nošen inercijom

vazduh
treba mi vazduh

dva reda po tri patuljaste voćke
ispred kuće
red ruža
travnjak
kajsija
i bašta sa povrćem
sećam se, ponavljam kao mantru,
grabim od zaborava
mnogo je toga već nestalo

kao izgubljen venčani prsten

kao izgubljena igra

Sagledavanje vetrom

ko i kad je iz ruku uzeo olovku
i nastavio da piše scenario

taksista me gleda u ogledalu
procenjuje
čiji je teret teži
lupka prstima po krovu
proverava da li je možda propustio poziv
ne zna
može li kući
i ima li kome

Daniel Buinac

Ishod

dužinom ulice drvored
uredno posečen
među granama ostaci balona
crvene misli o slobodi

Očišćeno ogledalo

Iza i ispod

u talasima reke hleb
i kljove sećanja - beo
most sa dnom

Skrivanje

neke su stvari pošle za mnom
kolona
da se osvrću ljudi
glumim neke me stvari prate
i okrećem se povremeno
zastanu
u izlozima njihova prava lica
nemar i strpljenje
kad krenem smeju se nežno
sažaljivo
nije to nimalo naivno
neke će stvari odrasti s tim

A ti?

A ja?
Postao sam surov,
u mislima napokon
čvrst. Ohol.

A ja?
Zagledan u tvoje
slike ne primećujem
godine. Decenije.

A ja?
Uzalud.
Lutam gradom. Pijan.
Sam.

Za tebe ne pitam.
(A ti?)

Buđenje

Posmatrajući okvire
prašnjavih godina,
spori u shvatanju
užurbanih slika,
praštasmo drugima,
sudismo sebi
utehu tražeći
u kazni.

Miris jutarnje kafe,
trag mleka
na licu neba,
toplina u shvatanju
potrebne tišine.
Iznijansirana blizina
uplašene sreće.
Naslutljive
pruge neslada
u masi svetla.

Žmurimo.

U postelji
obgrljeni mrakom,
mašte svezane poimanjem vremena.

Svirepi nad brodom
koji tone.

Video sam maglu tvojim okom

video sam maglu tvojim okom
dok sam čekao autobus
ipak to nije vredno neke pažnje
možda tek kad prođu godine

iako je na staklu ostao njen trag
možda ga kiša opere
dok tonemo
u tišinu kao da se nadam

Došao sam

Došao sam.
Juče smo se bez reči mimoišli na ulici.
To neće rešiti problem.

Došao sam da pričamo.
Znaš, bila je žena posle tebe,
ali je imala tvoje oči.
Otišla je sa čovekom koji je imao moje oči.
Možda ćeš ga sresti jednom
kad u tvojima ugleda njene.
Da li ćeš u njegovima prepoznati moje?

Došao sam da pričamo,
ali ovo izgleda
kao račun za struju ili telefon.

Došao sam da pričamo.
Ali kao da sam već sve rekao
i kao da me ništa nisi čula.

Sagledavanje vetrom

Ne rastanak

nisi imala lice
kad sam se noćas okrenuo prema tebi
u krevetu
samo naduvana zgužvana masa
belja od jastuka

strah se uselio
u utrobu
i nosim ga ceo dan
popeo se do grla
navukao obrve na oči
raširio lice u grimasu gađenja
i oznojio kožu
kao posle mnogo pića
mučnina
kako je bol nedostajanja fizička

onda sam te ugledao
kako prolaziš ulicom
nedaleko od mene

mogao sam potrčati za tobom
dotaknuti te za rame
zagrliti kao što se grle
samo oni koji se znaju sto godina
oni što su podelili i smeh i suze
i grč i pesmu i krvarenje
i gubitak

ali šta ako je jaz već prevelik
šta ako povratka nema
šta ako samo raširiš zenice
i odmahneš rukom

šta ako si već otišla daleko
od mesta gde smo proveli
godine
šta ako si obukla kaput i stavila
naočale i ako nikad više ne dozvoliš
da ti se pogleda u oči

hoću li moći okrenuti se
nestati
zaboraviti
ili bar pobediti strah

prihvatiti da ne znam
ništa o tebi
ikada

pretražujem sobu
tvoji tragovi
bole
a ne mogu bez njih

Sam

u hotelskoj sobi
tišina uvek nađe načina
da preživi

Na otvorenom

moje su oči pune blata
od ovolikih kiša
telo mi je uvijeno
u natopljene krpe
kuća od kartona se raspala
a ti i dalje nastavljaš
tome se ne vidi kraj
nemam gde da pobegnem
osim u neku tuđu prošlost
u kojoj vidim sebe i ne prepoznajem se
i ne znam da li su tada
padale kiše a ja ih nisam primećivao
ili
ili
mogu li da se vratim
želim li
kako da znam
da sam bar riba

Molitva

da nešto uradim
dovoljno je bolelo
još odavno
je bilo dovoljno

ali bol kao vreme
nastavlja da postoji
da me menja
da me troši
prati

bol odbacivanja
i odbačenosti
bol udaljavanja
i udaljenosti
bol potrebe
i zavisnosti
bol bespotrebnog postojanja
bol ironičnog
ciničnog
sarkastičnog
postojanja
bol neizbežnih gubitaka

da zagrlim
da utešim
da osetim
da nasmejem
pomilujem

Daniel Buinac

da umirim
da uspavam

samo jednu priliku tražim
da popravim
otklonim
izbrišem
uzrok
boli

ne svoje...
...mene moja bol ne boli
...

Ne odlazak

gledam niz Balkansku
dole čeka od čekanja umoran voz
na pola koraka
semafor ponovo prebacuje
na zeleno
neki čudan vetar
telefon iz džepa
telefon u džep
sat
Balkanska
Okretanje
zeleno

pijemo kafu
sećaš se onog lika iz Kvake 22
što je kupovao jaja po višoj ceni
i prodavao po nižoj
praveći dobar profit?
kad bi mogli to sa vremenom
kad bi mogli prodati posle za pre
uz dobar profit

čistač me pogledava između
zamaha
metlom
sat
telefon
Balkanska
voz

Daniel Buinac

jos jedno zeleno
Okretanje

hajde ispričaj kako smo pijani
preplivavali Adu
drali se
hranili stihovima neki čudan vetar
pravili Đuru ponosnim
"NE MARIM DA PIJEM
AL' SAM PIJAN ČESTO!"
san posle alkohola je plitak
a pun vrtloga
čudan vetar u tečnom stanju

legenda, priča, teorija, život,
"uspenje i sunovrat"
nekog čudnog vetra:
luta po prostor-vremenu
sretne te par puta u životu
donese ti tvoje iz posle i pre
i ode da se možda vrati

prelazim ulicu
čistač je izgubio interesovanje

Zaboravio sam

Zaboravio sam
u nekom od tamnih ćoškova
sporednih ulica
sa zgaženim lišćem, komadom kifle
i brižljivo smotanim
novinskim isečkom

Ili u procepu gde se šina uporno
i sreće i rastaje od kaldrme
u ritmu umornog časovnika
na navijanje

Možda ispod sedišta Srebrnog Letača
Ko mari za pojas
mesto za parkiranje
zamagljena stakla
ili sneg što je odlučio zatrpati
celu prethodnu noć

U sobi hotela kome će loše
instalacije presuditi
noseći sa sobom sve otiske prstiju
i tela i duša na izmaku roka trajanja
a tako čistih, nenaboranih, krhkih

Na nasipu reke koja okrenute glave
uz osmeh, povremeno i postiđeno
iskosi pogled ka šuštavom drvoredu
i magli obavijenoj oko nagog klavira

Daniel Buinac

Tu negde, zaboravio sam

U laboratoriji skrivenoj
hladnim hodnicima od kojih su
i plafoni krenuli da beže
Možda u ultrazvučnom kupatilu
ili među algama brižno skupljenim
sa toplog izvora
udaljenog ceo jedan život
a možda i dva

Da, zaboravih

U dvorišnoj zgradi
ormar odmaknut pola metra
da se može proći i skupiti vlaga
šta su sve čuli i videli ti zidovi
i ne plakali

Možda u bojama
Zeleni kaput?
Crveni šal?
Plavi mantil?
Crveni autobus?
Žute čizme?
Crveni indeks?
Usne, usne
I oči

Sunce iz crne zemlje

Sva mora
Svi trgovi

Sagledavanje vetrom

Nove godine
Ulice i ivičnjaci
Aerodromi
Sve
U masi svetla

Zaboravio sam
negde
sebe
Ni ne primetih probušen džep
kroz koji sam iscureo

Orah

pisaću ti kako razmišljam
da zasadim orah
imam iza kuće ogroman park
kažu neki gospodin nekad davno
poklonio gradu svima na uživanje
ma deset fudbalskih igrališta
stane
najmanje
drveće staro ko zna koliko
tri čoveka ne mogu
da obuhvate

ali nema orah

a ja mislim da je bar jedan

potajno možda noću da ga zasadim
ali kako će kad kose travu
pokosiće ga
možda pod senku velikog da probam
pa kad stasa da ga presadim
ali kako će bez sunca

videću još razmisliću pisaću ti
iako možda ne bih smeo

a baš bih ti pisao
ima dosta toga
nije samo orah

Zašto večeras

Zašto večeras sneg toplo
veje mojom sobom?
Zašto se srebri tvoj osmeh
negde između grudi i vatrometa koji šaraš
nebom?
Zašto sam jeo kukuruz i plakao?
Zašto mi krvare zanoktice?
Zašto čučiš u tišini?
Gde nam je letač?
Gde nam je snaga?
Odgurni me, odgurni me...
Ne znam šta pričam...
Svakako na kraju.
Svakako na početku nečeg drugog.
Možda.
Ali ko mi je skinuo kožu?
I zašto si me sakrila svojom?
Tako si topla...
U daljini lomača
iz koje bezvoljno puzam...

Ponovo nazad

po zatvaranju kruga
početna tačka
ne izgleda isto
ja, izlistan pod
Ostale Izgubljene Stvari

Grč

Čežnja

Još jedno zamrlo svetlo
(nedovršen treptaj oka)
u ovom klizavom gradu.
Kroz dugačke prste noći
curi nemir
ko utroba siv,
ko beda gorak,
olinjali pas
pred vratima straha,
rđa
na snu što miriše
na babine kolače,
na svitanje
i bluz...

Šta sad

razmislio sam dobro
i duboko u sebi
razmenio teške reči
i uvredio se nekoliko puta
rastao se sa sobom
i pomirio
bez da sam si išta rekao
na glas
i viknuo i zaplakao
odmahnuo rukom ljutito
namrštio obrve
pa se sa setom nasmejao
i uhvatio sebe u čvrst
zagrljaj
šaputao utehu i durio se
pa onda seo zagrljen
i gledao neku romantičnu
komediju
ljut što sam opet tako lako
popustio pred samim sobom

ako mi se opet desi
obećajem da će biti zadnji put
obećajem da se neću povući
i da ću ostati dosledan
odluci da sa sobom više ovako
ne mogu da živim

Sagledavanje vetrom

Ne mogu da kažem

ne mogu da kažem koliko dugo
gledam zidove cevi
oko mene čitaju, slušaju, pričaju
ne delimo prostor ako se ne primećujemo
bez posebnih izraza na licima borimo se
grčevito za vazduh
zagušljiv i težak
u isto vreme borim se da ga ne udahnem
previše

Neke su me napale slike

neke su me napale slike
zvuci
mirisi
godinama unazad potisnuti negde među
creva
i sad naiđu tek tako
kao da je meni sve svejedno

ne znam ni da li da se borim
i kako se to zapravo bori...

zatvorim oči dok vozim

Sagledavanje vetrom

Napiši mi priču

napiši mi priču
tragičnu
sa kišom,
zgužvanom porukom,
u kolotečini izgubljenim prijateljem,
sećanjima nad postavljenim stolom,
potonulim horizontom

Daniel Buinac

Iz voza

i onda sednem da proučavam
život pored šina
i mislim
zašto slike protiču brže
kad su bliže - pa su detalji manje
primetni i kao da ne pripadaju
a onda posle 30 godina
sanjaš samo njih

Gledamo fotografije

gledamo fotografije

nečija ruka zavučena
u nečiji drugi kišni mantil
isprepleteni vratovi
zabačena glava žene
sa dugom kosom, podignutom
nemirne vibracije boja oko njih
vetar stidljiv, sakriven
(razigrani veš na balkonu u pozadini)
fokus na njene zatvorene oči
i usne razmaknute u izrazu strasti

gledamo fotografije

u gužvi restorana u foajeu hotela
duga ekspozicija
sve su siluete izmuljane pokretom
dve nasmejane figure na niskim foteljama
pognute jedna ka drugoj
sa blago ispruženim rukama
koje se nisu stigle dodirnuti
pre nego što je fotograf presudio momentu

gledamo fotografije

hotelska soba
zgužvan topao krevet
ogledalo zamagljeno od pare iz kupatila

beo hotelski ogrtač, tek skinut,
spušten na pod
kraj dva naga tela ispružena i pripijena
zabavljena sobom dok ih kroz stakleni zid
zadivljeno posmatra sneg

slučajno tu
u isto vreme
na istom mestu
jedno pored drugog
nepoznati
gledamo fotografije obešene na zidovima
svesni jedno drugog,
mogućnosti
i izbora

Nisu dovoljna svetla novog grada

nisu dovoljna svetla novog grada
moram negde zasaditi hrast
vraćam se tvrdim koricama
svi naši gradovi
u sutonima

Daniel Buinac

Kažem ti

kažem ti
sešćemo nekad opet
u onu kafanu pored Studenjaka
ma iskopaćemo valjda i neki
stih, nismo ih valjda sve zaboravili
pa da se razlije melanholija preko
žamora drugih stolova
ma da se čuju duše
da udari, da vrisne, da zaboli

dok konobari ne stanu da služe
dok nas sve oči ne isprate

pa da na kraju
kažemo "e da" par puta

i da nagnemo BIP-ovo
ako to još uvek prave...

Ne vreme

sve mi je jasno
u ovom našem svetu
premalo je dimenzija
uz to jedna ima i grešku
jer dozvoljava da se njome krećeš
samo u jednom pravcu

vreme je da se promene pravila

vreme je da izbrišemo vreme
sa liste dimenzija
ili da ga popravimo da radi
kao i ostale
evo ja ću da počnem
vratiću se na početak
ove pesme i izbrisati sve reči
kao što ću onda da se vratim
i promenim štošta u svom životu
e kad vidite kako je to lako
svi ćete da sledite
primerno
samo
kako
kako početi
izabrati
izbrisati

Daniel Buinac

Da li želim biti deo?

Zasadili su drveće u parku.
I dok voz ulazi u stanicu
razmišljam o simbolima. Orah,
nisu zasadili orah. Opet.
Onaj koji se divi je izvor, hrana.
Ravnodušni su ubice.
Oni koji se mršte imaju svoje
mesto
pod orahom.

Rosa. Samo što sam se vratio.
Nemir ulazi kroz nos sa svakim
udisajem.
Mahovina.
Trulo lišće.
Magla se opire suncu,
prigrljena zemlji.
U vuni se kupaju
stabla
dok krošnje greju
ogoljene kosti.
Decembar.

Vreme za izdvajanje
od sebe. I drugih.
Vreme za tetovažu
duha.

Deo sam nečega što ne razumem.

Ponekad

Ponekad znam.
Rukama oblikujem oblak
i sever mi je kaput,
pesma splav.

Ponekad se sećam:
ližem šumsku rosu
i oči pitam da li će ikada ugledati
ono što jezikom prepoznam.

Ponekad,
pred kišno svitanje
dok ležim sam,
promuklom petlu pozajmim glas.

Ponekad se javom
korov nahrani
pa korak nade životom odjekne
tupo,

ali ugasim ponekad svetlo
i osetim: ona mi je...
I sanjam.
Ponekad.

Nagoveštaj

pažljivo iščupaj plavo drvo
umij lice zemljom sa korenja
u najdeblju žilu ureži reč
i vrati drvo na njegovo mesto

jučer su u Lisali na obali
reke Zair
dve žene pronašle srce odraslog
muškarca uvezano plavom vrpcom

na proleće slušaj lišće
daće ti nagoveštaj

Pakujem kofere

Pakujem kofere, kaže
Pokušavam da progutam
trčim kroz misli
Sve počne između grla i stomaka

Kroz prozor vise slike
iskrivljenih okvira
Dan je odustao

Ne brini, kaže
I tu smo i tamo u isto vreme
I pre i posle

www.ingramcontent.com/pod-product-compliance
Lightning Source LLC
Chambersburg PA
CBHW070434010526
44118CB00014B/2034